Der Komet genannt Leben

MARGARETHE DUCKSTEIN

Der Komet genannt Leben

Bibliografische Information der Deutschen Nationalbibliothek
Die Deutsche Nationalbibliothek verzeichnet diese Publikation in der
Deutschen Nationalbibliografie; detaillierte bibliografische Daten sind im
Internet über http://dnb.dnb.de abrufbar.

Coverdesign, Satz, Herstellung und Verlag:
BoD – Books on Demand, Norderstedt

ISBN 978-3-7583-4851-8

Inhalt

Der Komet

Das Leben, wie ein Komet am Himmel der Ewigkeit,
entflammt, versprüht seine Funken und ... sein Leuchten endet ...
Genießen wir das Licht, erblühend in der Dunkelheit,
solange sich sein Schein noch am Firmament befindet!
Bevor er – kreisend in der Spirale der Zeit –
in die Dunkelheit zurückkehrt und ... verschwindet ...

Warum so spät ...

Das Leben ist schon fast vergangen, aber ich
warte immer noch, dass sein Beginn feststeht.
Warum merke ich so spät – begreife endlich,
dass es die ganze Zeit geht?

Suchend in der Menge nach der Dualseele
fand ich nur der trügerischen Fassade Sinn.
Warum weiß ich so spät, dass ich niemand fehle,
dass ich hier ganz allein bin?

Ganz tief in der Routine gräulicher Natur
zog mich die Illusion in ihren bunten Bann.
Warum erfahre ich so spät, dass man nicht nur
von den Träumen leben kann?

Die Poesie wirbelte in meiner Seele –
eingesperrt. Sie konnte nahezu ersticken.
Warum möchte sie – der Seele Parallele –
erst jetzt die Welt erblicken?

Die Hoffnung hat jedoch viele Traumideen.
Finden sie einen Platz in der Realität?
Erwartungen wachsen schon; Pläne entstehen.
Ist es jedoch nicht zu spät? ...

Farben

Das Universum dreht sich langsam ...
Etwas wächst und wartet, was die Ewigkeit bringt ...
Durch den dunklen Raum fließt leise und erholsam
Musik, die wie der Herzrhythmus klingt ...

Die ruhigen Wellen verhüllen,
wiegen sanft, wie im schwarzen Balsam, die Menschheit,
deren ganze Welt sie mit Sicherheit füllen –
schwarz bedeutet die Geborgenheit.

Plötzlich ein Knall, das weiße Licht!
Das beginnende Leben schreit!
Des Universums Hülle bricht,
aber die Sehnsucht nach ihm bleibt ...

Das reine Lebensprisma zerlegt
das Licht in den Farbkreis – nach jeder Existenz,
den die Sehnsucht treibt und immer schneller bewegt –
bis zum Erreichen der Herzfrequenz.

Die Farbexplosion bietet Muster,
ein Gewirr: Gefühle, Wesen, Zeiten und Raum,
kreisend auf der Suche – immer unbewusster –
nach dem Glück – dem unerfüllten Traum.

Des vollkommenen Glücks Akzente
sind: Geborgenheit und der Erfüllung Klarheit.
Der Farbkreis erreicht nur kurze Glücksmomente,
nicht jedoch des Glücks reine Einheit.

Da der Zyklus kein Glück mehr verspricht,
vereint sich der Farbkreis wieder zum weißen Licht.
Es wird mit seiner Sehnsucht vom Schwarz gesogen.
Dort sind beide wieder geborgen ...

Zum Schluss sind die Farben die des Starts –
die perfekten, unbunten Töne: Weiß und Schwarz.
Wozu denn der ganze Zyklus – der Farben Kreis?
Das Glück braucht doch nur zwei: Schwarz und Weiß!

Das Universum dreht sich langsam ...

Ich wäre gerne ...

Ich möchte wie der ewige Wind sein!
Er weht und braust ohne Angst vor des Raumes enormem Format.
Ohne menschliche Grenzen um sich ist er überall daheim.
Das ganze Weltall ist seine Heimat.

Ich möchte, wie ein Vogel, frei fliegen,
zwischen den weißen Wolken gleiten, im blauen Himmel schweben;
nicht so, wie der Mensch, der seine irdische Freiheit nicht rettet –
selbst an die Erde fest angekettet.

Ich möchte der Sand in der Wüste sein!
Seine Körner glitzern wie goldene Kleinode – gemeinsam.
Nichts kann sie, wie die Menschen, trennen – sie sind nie allein.
Die Sandkörnchen fühlen sich nie einsam ...

Ich möchte des Ozeans Wasser sein!
Es umfließt mit seiner hellen Unschuld die Erde – frisch und rein.
Der Mensch aber verliert die Unschuld in dem zum Mammon Päan.
Edel ist das Wasser im Ozean!

Ich möchte ... wie stabile Felsen sein,
deren Struktur von der ewigen Geschichte der Erde spricht.
Ich möchte ... wie ein Tier mich im grünen Wald verstecken – ganz klein ...
Nur ... der Mensch wäre ich am liebsten ... nicht.

Das alte Foto

Ein altes Foto, wo sich ein junges Brautpaar befindet ...
Die Gesichter schauen mit intensiven Augenstärken.
Aber sie sind ernst – Freude und Glück sind dort nicht zu merken,
obwohl der Trauung Akt sie verbindet.

Wie haben euch Schicksalsschläge als traurig gekennzeichnet?
Auf den Wassern des Lebens konntet ihr bis jetzt nicht kentern!
In euren Gesichtszügen sehe ich meine gezeichnet.
Wer seid ihr? Das sind meine Eltern.

Vater! Deine jungen Augen haben schon den Schreck gesehen,
mit 17 Jahren: die Gewalt des Krieges, der Welt Abschaum.
Die grauenhaften Bilder verursachten das Entstehen
von deinem Schrei in der Nacht, vom Albtraum.

Mutter! Traurigkeit passt nicht, weil die Jugend fröhlich sein müsste!
In deinem Gesicht suche ich die Lebensfreude vergebens.
Deine Augen gucken traurig, voll Sehnsucht, als ob sie wüssten –
du hast nur noch elf Jahre des Lebens ...

Das Schicksal kann grausam sein – nimmt weg die Lebensgeschenke.
Als ich zwei war, musstest du – in des Lebens Blüte – gehen ...
Ich muss weinen, wenn ich an deine letzten Worte denke:
»Ich werde euch nicht mehr wiedersehen!«

Ein Bund vieler Bilder kreist im Kopf, ein klares erscheint.
Am schärfsten ist das Bild, als die Familie am Tisch isst
und eins, als mein Vater, das einzige Mal, verzweifelt weint,
nachdem du, für immer, gegangen bist ...

Dass ihr uns im Leben gefehlt habt, tat das Los absichtlich,
jedoch hat das Leben uns Möglichkeiten eingerichtet.
Euren Kindern und Enkeln geht's hier gut, aber sicherlich
hat euer Sohn das schon ausgerichtet.

Irgendwann wird sich die ganze Familie bei euch sehen –
nur mein Gedicht behält Bilder und Spuren eures Daseins,
denn, wenn eure Kinder und Enkel von hier schon gehen,
lösen sie sich im Nebel des Nichtseins ...

Das Foto blieb nur, Erinnerungen an euch – sie sind selten,
die Steinplatte, erhellt durch eine Kerze, die brennend was sagt ...
Ich stehe am Grab im Geist und huldige euch, meine Eltern!
Danke, dass ihr mich geschaffen habt!

Die Tante

Du warst wie helles Licht, das in der Nacht zu leuchten anfing –
in der dunklen Welt nach dem Tod meiner Mutter.
Du warst Retterin, die dem Leben die Freude zurückbringt,
die die Glücksreste der Zweijährigen hütet.

Wir, deine Neffen, waren deiner ganzen Welt Getriebe;
du verzichtetest auf dein eigenes Leben.
Du hast der verletzten Familie nicht nur deine Liebe,
auch die Züge der Normalität gegeben.

Ich weiß noch, wie du uns immer schütztest
vor der Welt und vor der herzlosen Stiefmutter,
aber manchmal hörte ich dich, als du schluchztest –
leise weinend riefst du deine Mutter ...

Du unterstütztest uns stets auf unserer Lebensreise,
doch ich hatte einen Traum, dass du dich verirrst;
von einer weiten, überhaupt nicht geplanten Weltreise
kommst du nicht zurück, da du dort verschwunden bist ...

So ist das Leben – die Liebsten müssen gehen ...
Du erhieltst im Himmel, sicher, als Lohn des Glücks Brillante.
Den Preis für dich konnte man auch voraussehen –
denn du warst für uns die echte Mutter – nicht nur die Tante.

Dieses Gedicht ist ein Ausdruck von meinem Dank und Abschied.
Ich denke jedoch – dein Schicksal war echt grausam:
Obwohl du alle zusammenhieltst – jedes Familienmitglied,
wurdest du vom Los betrogen und starbst einsam ...

Im Familienalbum fand ich dein altes Lichtbild:
ein Lächeln, wie Mona Lisa, die Hände, die etwas halten –
vielleicht das, was du uns schenktest? ... Das Bild will ich, wie einen Schild,
für die Ewigkeit in meinem Herzen behalten ...

Das Flämmchen

Ein einsames Flämmchen der Kerze flackert im Glas.
Das grüne Lämpchen mit Blumenmotiven schimmert blass.
So still herum, dass nur ein großer Baum die Wache hält.
Das ist die letzte Ruhestätte – ein anonymes Feld.

Anonym ist der Ort mit deiner Urne nicht für mich!
Das Flämmchen soll dir sagen – ich denke an dich!
Durch deinen Tod geriet einiges aus dem Ruder!
Ich trauere immer noch um dich, mein Bruder!

Meine Trauer sitzt geschützt und tief vergraben in mir;
sie würde gar nicht wahr genommen – erwachsen doch sind wir!
Aber unsere Vergangenheit starb mit den Eltern schon;
wir hatten nur die Gegenwart und lebten in ihr synchron.

Mein großer Bruder, du warst immer ein Teil meiner Welt,
deren Bild plötzlich verblasste – vor allem Grau enthält.
Die Einheit meines Lebens zerbrach durch dieses Unglück;
mit deinem Verschwinden verschwand auch von mir ein Stück.

Die Kerze scheint zart und ruhig, was auch den Trost spendet –
vielleicht bist du jetzt glücklich, dein Leid ist schon beendet.
Du bist zwar nicht mehr hier, aber nicht ganz weg.
Dein Tod hatte das ewige Glück und Leben als Zweck.

Die Flamme wackelt im Wind, vereint unsere Seelen.
Triffst du unsere Verstorbenen? Gib einen Gruß allen!
Ich weiß, dass dein Geist auf mich von oben schaut.
Leb wohl, mein Brüderchen, wir sehen uns bald ...

Das fünfte Element

Hängend irgendwo zwischen Himmel und Ozean,
verschmolzen mit der blauen Seele der Ewigkeit
atme ich die kristallklare Luft – wie Balsam
und genieße die unendliche des Lichts Reinheit.

Ich bin winzig – und groß, ohne Limit;
Ich bin ein Ganzes – zeitgleich nur sein Teil;
Ich bin ein freier Geist ohne Körper –
ich fühle mich einfach grenzenlos frei.

In der Bläue des Äthers, wo alles ineinanderfließt,
bin ich in der tiefsten Seele der Welt –
im fünften Element, das die Weltelemente umschließt,
das das Mysterium des Lebens nah stellt.

Wo sind auf einmal die wichtigen Dinge – der Alltag –
und der freien Entscheidung große Illusion?
Wir leben jetzt und hier und handeln nur im Auftrag!
Der Macht Pläne und unsere sind nicht synchron.

Gefangen im Körper, durch Schwerkraft an die Erde gekettet,
kämpfen wir, durch Sehnsucht getrieben, ums Glück
und wissen nicht – bequem durch Schicksal im Leben eingebettet:
Nur Freiheit des Geistes ist des Glücks Kernstück.

Der Körper, die Limits sind da, um uns zu prüfen!
Durch unser Leben werden wir auf die Probe gestellt!
Bevor uns die Mächte von der Erde abrufen,
vom Körper befreien und jeder seinen Preis erhält.

Freiheit des fünften Elements: Reinheit, Licht und Leichtigkeit,
das absolute Glück und Leben bis in alle Ewigkeit!
Ich habe keine Angst mehr und lasse meinen Geist schweben –
zwischen Himmel und Ozean – wartend auf das wahre Leben.

Vier Jahreszeiten

Die Vögel zwitschern; die frischen Brunnen plätschern;
die zarten, grünen Blätter schmücken die Bäume;
der Blumen Wonne; Pfützen spiegeln die Sonne –
so wie die Natur reifen der Hoffnung Träume.

Das Gold des Sonnenscheins boomt; ein Bienenschwarm summt;
voll von hellen, bunten Bildern ist das Leben;
der Felder reife Farben, des Glücks Lachsalven:
Wie die Natur erblüht die Hoffnung soeben.

Reife Früchte fallen ab; Blätter werden knapp;
die Welt verschwindet langsam im Regen-Versteck;
die Farbenpracht verblasst, da das Grau sie erfasst;
die Natur schläft tief ein und die Hoffnung geht weg.

Die Kälte verbreitet – trifft unvorbereitet;
die Melancholie hat die Freude verdorben;
die Vögel sind schon weg, die Tiere im Versteck,
die Natur schläft und die Hoffnung ... ist gestorben ...

Der Nebel

Wie Erinnerungen, die ganz langsam aufwachen,
erscheinen die Bäume im Schutz von Nebelschwaden,
deren magische Schatten die Sehnsucht entfachen;
sie summt nostalgisch der alten Zeiten Balladen.

Wie von einem mystischen Geheimnis umgeben,
taucht ein Trampelpfad auf und verschwindet dann im Dunst,
dessen kleine Wasserteilchen in der Luft schweben.
Das gestreute Licht betont noch ihre Zauberkunst.

Die – voll Geheimnis – Nebelmagie ist suggestiv –
ich möchte mich mit diesem Geheimnis verbinden.
Die Impression der weißen Schwaden ist intensiv –
ich möchte mich dort verstecken und ganz verschwinden.

Der schmale Weg schimmert einladend im trüben Licht.
Ich betrete den Pfad – das Abenteuer startet.
Ich hoffe nur – nach vorne ist keine klare Sicht –,
dass am Ziel ein wunderbarer Ort auf mich wartet.

Der Novembertag

Der Wind hörte auf zu toben, denn er hat keine Kraft mehr.
Nur der Regen weint leise Tränen.
Die schwarzen Regenwolken hängen über der Erde schwer.
Der müde Tag beginnt zu gähnen ...

Die grauen Collagen des Tages sieht man immer schwächer.
Die Winterkälte hält schon Einzug.
Ruhe und Frieden breiten aus ihre farblosen Fächer ...
Der Frieden? Das ist die Verzweiflung!

Die Verzweiflung, weil Kälte und trostloses Grau nur bleiben;
das unaufhaltsame Jahr endet.
Vielleicht kann man den freudlosen Novembertag vertreiben? –
das Jahr wäre dann unvollendet ...

November des Lebens ... so viele Jahre vorbei ...
voll Euphorie, Abschied, Neubeginn,
leidenschaftlichem Kampf, Enttäuschung und Schmerzensschrei,
Suche nach dem Glück, dem Lebenssinn.

Was für einen Sinn hat das Leben – uns geschenkt?
Alles wird sowieso in Vergessenheit versenkt!
Und das, was nach uns nur bleibt, sind der Hoffnung Scherben,
Echo des Schreis und Regentränen – unser Erbe ...

Gibt es vielleicht Pläne – sind sie nur für uns unklar?
Macht die Macht sie vielleicht gewollt für uns unsichtbar?
Vielleicht ist für sie, wie jeder einzelne Tag fürs Jahr,
jedes einzelne menschliche Schicksal unverzichtbar? ...

Die herbstlichen Blätter

Die herbstlichen Blätter wirbeln, faszinieren,
wie die Träume, die in der Seele brillant
mit vielen schönen Gesichtern charmieren
und kolorieren des Lebens graues Gewand.

Einmal waren die Blätter grün, wie die Hoffnung,
schöpften Kraft aus dem starken, soliden Baumstamm.
Als Revanche gaben sie Licht. Ihre Atmung
sorgte fürs volle Photosynthese-Programm.

Damals konnten sie sich als nützlich erweisen –
waren für die Vögel richtige Gewinne.
Jetzt können sie lediglich in der Luft kreisen
und blenden nur mit Farben unsere Sinne.

Aus den grünen Knospen der Hoffnung erblühen
die Träume, voll faszinierender Ideen,
die die Bilder der Mirage kurz versprühen
und sterben, bevor sie in Erfüllung gehen.

Die herbstlichen Blätter schweben voll Magie,
wie die Träume, die das Leben bunt färben.
Das ist jedoch das Preludium der Dramaturgie:
die Blätter werden welk, die Träume werden sterben ...

Der Abschied

Golden schimmert der bunte Teppich auf dem Boden;
wie Blut glänzen die fallenden Blätter – wecken Träume;
die irreal wirkende Welt ist voll von Kleinoden
des magischen, herbstlichen Designs der Laubbäume.

Die weiß-grauen Wolken spielen mit der Sonne;
der blaue Hintergrund des Himmels wirkt schon kalt;
hoch, über den Bäumen, fliegt eine Vogelkolonne,
die zum Vogelzug eilt – um weiterzufliegen ... schon bald ...

Die gold-roten Reflexe wirbeln in der Luft.
Durch die Windstöße bewegt reagieren sie sofort
und verwandeln die Welt in einen Zauberort,
dessen Schönheit die tiefste Faszination hervorruft.

Dieses herbstliche Schauspiel der Natur hypnotisiert,
sodass du nicht weißt, ob du in der Realität bist ...
Kaum zu glauben, dass es nur die Kälte avisiert,
nur der Abschied vor einem langen Winterschlaf ist.

Schnee

Die Bäume dösen unter den weißen Hauben;
die Welt wird bedeckt durch eine weiße Decke –
durch Reinheit und Weiß, die den Atem rauben,
erfüllt der Winter seine schützenden Zwecke.

Es ist genug von den Gewittern im Jahr!,
genug von unruhigen Kämpfen der Natur!
Der Schnee bietet den ruhigen Frieden dar.
Mach Pause, du schwierige Lebensprozedur!

Die leisen, wirbelnden Schneeflocken bedecken,
wie ein Tuch, den Teppich der verwelkten Blätter.
Er wird die Trauer nach den Träumen verstecken,
die unerfüllt blieben – es gab keine Retter ...

Die funkelnden Schneepartikel halten auf
die Lawinen, die graue Verzweiflung treiben.
Die Wellen der Trauer beenden ihren Lauf,
sodass nur der weiße Schnee und Frieden bleiben.

Die schönen Eissternchen kühlen das Dasein.
Fieber, Leid verschwinden, weil sie sie aufheben.
Schüchtern entstehen neue Kräfte, erst klein,
bald werden sie wachsen und wecken das Leben.

Das Leben hat sich in der Stille versteckt,
wartet auf den Frühling – er wird es neu kleiden.
Die Träume sind weg. Sie werden nicht mehr geweckt ...
Wird sich das Leben noch für neue entscheiden?

Das Neujahr

Des Lichts Fontänen spritzen hoch am Himmel!
Des einsamen Sterns Farbe wirkt bleich ...
Der Mond versteckt sich vor dem Lichtgewimmel;
bunter Nebel umhüllt die Welt weich.

Die bunten Kugeln platzen – lautes Knallen!
Die Lichtraketen zischen im Raum;
Lichttropfen – wie kleine Juwelen – fallen,
beleuchten die Welt wie im Traum.

Warum explodieren die Glanzgewitter,
dessen Feuerwerk das Dunkel sprengt?
Auf die Welt fallen die leuchtenden Splitter,
weil heute das neue Jahr anfängt!

Wie das Licht am Himmel entflammt die Hoffnung,
gibt dem Leben die Träume zurück;
Trost und Hilfe für alle kommen in Schwung:
Das neue Jahr bringt bestimmt Glück!

Die Gestirne

Was versucht uns zu erzählen der Himmel in der Nacht?
Es flackert und funkelt der hellen Sterne Pracht:
alte rötlich leuchtend, junge hell, manchmal leicht bläulich,
manche zu Scheibchen verschmiert, andere deutlich.

Planeten leuchten souverän und strahlen fremdes Licht;
Sternschnuppen flitzen – das sind Meteoriten;
Staub-, Gas- und Nebelwolken glühen und schimmern in Sicht;
langsam ziehen die Punkte der Satelliten.

Der Gang der Gestirne – eines der größten Mysterien –
codiert in seine Konstellationen
das Schicksal und des Universums Geschichten-Serien –
entstanden vor vielen Jahrmillionen.

Sind jedoch alle Sterne, die wir sehen, existent?
Das scheint uns zwar wie ein Merkmal des Absurden,
aber wir sehen auch jene am Firmament,
die lange explodiert sind und zum schwarzen Loch wurden.

Warum müssen wir – so unwichtig – zum Zweifeln neigen?
Die Sterne möchten uns nur die Botschaft zeigen!
Sie steht vor uns groß und deutlich, aber ihre Chiffren
sind wir unfähig zu lesen und entziffern.

Bezugnehmend auf das Geheimnis des Universums
fragt eine leise Stimme in meiner Seele:
Wenn das Weltall unendlich ist, sind vielleicht auch in uns
Wesen? Sind wir für sie des Alls Parallele? ...

Die Sprache der Sterne

Die Sterne reden, erzählen Geschichten
mit einem nur ihnen bekannten Inhalt.
Ich verstehe sie nicht; ich kann nur dichten
erratend ihr Leben mit seiner Vielfalt.

Sie sprechen keine Töne, keine Gesten,
die wir, auf unserer Erde, gut kennen.
Sie verständigen sich immer am besten
funkelnd, während sie die Gase verbrennen.

Auch ihre Farbe kann etwas ausdrücken –
ihre Weiß-, Blau- und rötlichen Akzente,
deren blasse Töne mich so entzücken;
sie beschreiben ihre Lebensfragmente.

So viel Funkeln, Blinken, sanfter Farbschimmer –
alles so weit weg ...; ich bin ganz allein hier.
Meine seelische Sehnsucht wächst – wird schlimmer.
Schön, dass sie reden ... wie schade – nicht mit mir ...

Träume

Ein Sternenhimmel ... Die großen funkeln langsam,
die kleineren Sterne blinken und flackern schnell.
Die Milchstraße führt sie alle unaufhaltsam
zum Ziel, das wichtig zu sein scheint, existenziell.

Nehmt mich mit, meine Sehnsucht möchte mit euch sprechen!
Eure Freiheit, die Unendlichkeit verzaubern mich!
Ich möchte zu euch, die irdischen Ketten brechen!
Sie schweigen ... Aber der links pulsiert hell und deutlich.

Wie ist die Welt, die er erhellt und mit Wärme versorgt?
Wie sind: ihr Leben und ihr Alltag?
Ist dort, vielleicht, meine Dualseele – um mich besorgt?
Denn der Stern pulsiert wie mein Herzschlag!

Ich träume, jemand könnte dort auf mich warten;
die Welt wäre meine, wo ich geliebt werde;
mein wahres Leben würde dort endlich starten;
es könnte da besser sein als auf der Erde.

Meine Träume sind imaginär und werden nie Realität.
Sie bilden eine Parallelwelt, die in der Seele existiert.
Träume geben dem Leben aber Farben und Identität,
auch Verlangen und die Kraft, die zur Aktivität animiert.

Und hier können wir den Geheimniskern enthüllen:
Solange wir träumen können, leben wir richtig!
Es geht nicht darum, dass wir die Träume erfüllen –
dass wir ein Ziel zu erreichen haben, ist wichtig!

Die Sehnsucht

Ein Stern stirbt – eine Supernova explodiert!
Da die Stoßwellen auf einer Wolke landen,
werden ihre Teilchen zur Scheibe mit Kern formiert,
der sich vergrößert – ein neuer Stern ist entstanden.

Das Leben des Sterns wird durch die Leuchtkraft definiert,
durch die Welten, an die er seine Strahlen richtet,
denen er so lange Licht und Wärme garantiert,
bis er, selbst als Supernova, auch sie vernichtet.

Die Sterne entstehen und sterben nach der gleichen Prozedur.
Explosionen setzen Energie frei, die die Materie schafft.
Galaxien bilden sich neu, deren spiralförmige Struktur
die Bildung der Sterne antreibt – jeden mit eigener Schwerkraft.

Wenn ich jedoch in den Abendhimmel voll Sterne blicke,
mit dem Funkeln und dem Scheinen nach Helligkeit abgestuft,
bin ich so fasziniert, dass ich die Sehnsucht dorthin schicke,
weil ich daran denke, dass dieses Blinken einzig mich ruft.

Ob irgendwo dort meine Dualseele existiert,
in den Himmel guckt und ihre Sehnsucht auch dorthin schickt,
wo der kleine, helle Stern im Takt des Herzens pulsiert?
Ob sie, im Weltall verloren, auf denselben Punkt blickt?

Der Baum

Schweigend und majestätisch steht ein einsamer Baum.
Der Sturm heult und treibt graue Nebelschwaden um ihn.
Er steht unerschütterlich und merkt den Wind kaum –
gefühllos, wie betäubt durch das Schicksalsmorphin.

Träumt er von dieser Zeit, als er, jung und brillant,
voll frischer Knospen in der Frühlingssonne stand,
als seine zarten Blüten die Bienen lockten,
während seine Blätter den Vögeln Schutz boten?

Das Leben war damals voll Hoffnung und Charme.
Die Sonnenstrahlen waren hell, sanft und warm.
Die Jugend konnte ihm die Hoffnung spenden,
dass dieses Glück und der Sommer nie enden.

Aus den Blüten wurden Früchte und der Herbst kam –
farbenfroh, aber neblig und nicht mehr so warm.
Die Blätter wurden dunkel; die Lebenskraft ließ nach;
die Leidenschaft erlosch; der Optimismus zerbrach ...

Als Erste verließen den Baum seine Früchte,
dann entnahm ihm der kalte Wind seine Blätter.
Die Vögel wurden getrieben durch die Sehnsüchte
nach warmen Orten – sie flüchteten vorm Unwetter.

Zum Schluss blieb er einsam – ohne jede Illusion.
Ein starker Wind brach ab die geschädigten Äste.
Seinem Alter verdankt er den matt-schwarzen Farbton.
Er ist durch Wind glatt poliert – ohne Rindenreste.

Aber vielleicht ist es ganz anders und der Baum
ist nicht stumm und gefühllos, auch traurig kaum.
Vielleicht ist er nur ruhig und zufrieden,
denn er hat hinter sich ein erfülltes Leben?

Plötzlich riss der Wind die Wolken – befreite die Sonne.
In dem Licht hat die Welt einen neuen Glanz bekommen.
Der Baum steht jetzt in der Flut der Sonnenstrahlen entspannt,
edel und würdig, matt glänzend, wie ein schwarzer Diamant.

Die Eiche

Der Eiche starke Silhouette greift zum Himmel – stolz.
Der Tag endet und wird seine Töne langsam dimmen.
Tief in der Höhle, des Stammes Holz,
hört man 'nen Vogel leise wimmern.

Das Symbol der ewigen, göttlichen Macht der Natur,
dessen Haltung die Widerstandskraft und die Klugheit meint!
Ist es wahr, dass in solcher Struktur
eine verzweifelte Seele weint?

Das Leben, wie der Tag, nähert sich schon seinem Schluss.
Der Zugvogel ist ohne Kameraden geblieben.
Er dachte, dass er unten helfen muss,
statt der Sonne hinterherzufliegen.

Die Wichtigsten gehen jedoch weg; die Schritte hallen ...
Er dachte: Sie sind glücklich, bleiben bei ihm! Stattdessen
lassen sie die Erinnerungen fallen
oder haben schon alles vergessen ...

Nicht zittern, Vögelchen! Der Eiche Klugheit hilft dir doch!
Der 21. März – der Eiche und dein Datum!
Es ist schwer für dich – dein Schmerz ist hoch –,
vergiss trotzdem dein hartes Fatum!

Du bist in der Eiche, du kannst die Kräfte doch nutzen!
Aber, obwohl das Flüstern ihrer Blätter beruhigt,
wirst du, sicherlich, weiterschluchzen –
so leise, dass das niemand mitkriegt ...

Die Einsamkeit

Bunte Bilder der Welt und ein Leben mit viel Spaß,
Bewegung, gestikulierende Silhouetten;
aber ich sehe die Welt wie durch ein Fensterglas
und die Menschen wie einen Schwarm von Marionetten.

Das ist nicht mein Leben – nicht meines Lebens Erfüllen.
Das sind nicht die Menschen, die mich verstehen würden;
wenn ich versuche meine Seele zu enthüllen,
schweigen sie. Für ihren Gedankengang sind das Hürden.

Vielleicht ist das alles lediglich der Welt Illusion?
Vielleicht ist das eine Kulisse? Hinter ihr eben,
durch meiner geträumten Bilder Abstraktion,
entwickelt sich und bleibt mein wahres Leben.

Vielleicht besteht meine richtige Welt nur aus mir
und nur meine Träume sind ihre Substanz?
Vielleicht verursacht dessen Bewusstsein hier,
dass ich zur Einsamkeit verurteilt bin – voll und ganz? ...

Die Kugel

Schnell, rein in die Kugel und die Luke schließen!
Geschafft! Mein kleines Universum, als Zuhause genützt!
Ich kann wieder die perfekte Welt genießen,
deren unsichtbare Hülle mich vor der Außenwelt schützt.

Es hat sich auch nichts geändert – die Erde dreht sich weiter;
die Farben leuchten, wie immer; die Menschen streben nach Glück.
Wer merkt schon, dass ich in meiner Kugel – der Außenseiter –
nur eine Rolle spiele, wie in einem Theaterstück.

Ich kann sie gut spielen – das Leben war ein guter Lehrer
mit seiner Freundlichkeit Facetten vom trügerischen Schein.
Der Verlust der scheinbaren Geschenke war immer schwerer.
Nur die Gefühle und meine Kugel blieben gänzlich mein.

Es ist ruhig und gemütlich in meiner Kugel drin.
Sie ist perfekt; hier fühle ich mich nicht so wie ein Gast.
Ausschließlich hier kann ich bleiben, wie ich tatsächlich bin.
Nach draußen wird das gefiltert, was dort gerade passt.

Die Wunden sind vernarbt; nichts mehr kann mich verletzen.
Auch das, worum sich zu kämpfen lohnte, ist zerstört.
Meine Welt dreht sich jetzt nach eigenen Gesetzen –
Liebe und Glück sind das, was nicht mehr dazugehört.

Lasst meine kleine Kugel in Frieden! Das ist mein Ruheort!
Um mich rauszuholen ist es zu spät und niemandes Pflicht!
Unter Glück versteht jeder was anderes – das ist nur ein Wort!
Mein Glück ist, wenn ich traurig bin – was dem Heimgefühl entspricht.

Die Befreiung

Ihr schafftet das tatsächlich – holtet mich aus der Kugel raus,
wo ich stagnierte, dennoch sicher war; sie war wie mein Haus.
Ruhe und Trauer waren dort gleich, Farben und Licht gedämpft.
Aus der Kugel, die zwar Schutz bietet, aber das Glück bekämpft.

Ich bin, überrascht, draußen und lerne die Welt neu kennen.
Ich kann jetzt Farben deutlich sehen, Licht vom Schatten trennen.
Ich vergaß schon, wie sanft die Luftwelle mein Gesicht berührt,
wie meine Haut die weiche Wärme der Sonnenstrahlen spürt.

Schön und real ist alles! Mein Leben hat neu begonnen.
Fort mit der Kugel! Diese endlose Weite ruft mich doch!
Ich möchte draußen bleiben, egal ob Gewitter kommen,
und alles hautnah erleben – man weiß nicht, wie lange noch ...

Mich aus der Kugel rauszuholen, hat einen tiefen Sinn:
Besser ist, kein Plagiator zu sein, sondern ein Erfinder,
kurz wahr zu leben, als ewig zu vegetieren dahin!
Ich danke euch dafür, meine lieben Enkel und Kinder!

Der Weg nach Hause

Ringsherum erstreckt sich ein ödes, endloses Flachland,
wo nur der Wind tobt und grelles Licht die Augen blendet.
Es sollte doch so lebhaft sein, glücklich und amüsant,
nicht nur der Himmelsbogen und ein Feld, das nie endet!

Nicht nur ich – allein durch die Welt gehend,
von einer untröstlichen Sehnsucht getrieben,
keine freundliche Seele und kein Ziel sehend,
ohne Beistand durch die Welt geblieben.

Wo bist du, meine Kugel, in der ich sicher war,
vor deren Dämmerung blendendes Licht umkehrte,
wo Farben gedämpft sein durften – nicht unbedingt klar,
deren Hülle alle Weltattacken abwehrte.

Ihr habt gesagt, dass ich hier frei und glücklich sein werde,
dass in der Welt draußen viele Wunder auf mich warten;
die Zeit sei hier länger als alle Flüsse der Erde;
die wahre Gegenwart könne für mich nur da starten.

Ich habe die Kugel verlassen – mein Zuhause,
und irre jetzt umher, trotz der starken Winde.
Doch werde ich weitergehen – ohne Pause.
Irgendwann kommt der Tag, dass ich sie wiederfinde.

Playa de Sotavento – ein Strand

Himmel, Ozean und Sonne als eins
sind ein Meisterstück des Naturdesigns:
die Ewigkeit, die blaue Einigkeit
und die Lichtreflexe funkelnd brillant.

Der feine Sand am Ufer schimmert wie Gold;
die Wellen werden hin- und zurückgerollt;
die ganze Welt spielt; der Friede ist erzielt –
das ist *Playa de Sotavento* – ein Strand.

Wo die Felsen jedoch den Zutritt verwehren,
will das Wasser – böse – einen Krieg erklären:
mit lautem Dröhnen, schäumend in Blau-, Grüntönen –
mit der Wut, mit der es gegen die Felsen schlägt.

In der Lagune mit Tidehüben und Wind,
wo Drachen und Segel die Hauptfiguren sind,
herrscht eine Aktion – die Erfüllung der Passion –
der Wassersport, der das Bild der Lagune prägt.

Hier viel Leben, dort Alleinsein mit der Welt –
die Kontraste, die das Leben selbst enthält;
Wellenkonturen, einsame Fußspuren –
jeder hat im Leben ein anderes Ziel.

Die Wellen gehen, die Leidenschaft erlischt;
die Fußspuren werden von der Flut weggewischt;
der Ozean kämpft, das Dasein wird gedämpft –
das Leben ist vergänglich – der Strand bleibt stabil.

Der Palmenwald von Costa Calma

Die hellen Sonnenreflexe auf dem Fußweg,
die großen Palmen, spendend kühlen Schatten,
die bunten, zauberhaften Blüten über dem Steg
blenden so, dass sie Träume vom Urwald gestatten ...

Der schmale Steg windet sich zwischen den Palmen,
zwischen den Kiefern, in der Natur Zauberei,
und endet an der Straße mit Auto-Qualmen –
der Urwald endet – die Illusion ist vorbei.

Das ist in *Costa Calma* ihr Naturschmuckstück,
eine Oase zwischen zwei großen Straßen.
Man kann in das Wäldchen immer wieder zurück,
stören Abgase und Lärm in hohem Maße.

Der Weg durch das Wäldchen ist nicht so schnell,
doch ruhig, voll Faszination und Traum.
Die Straße ist nicht so originell,
ist jedoch schneller – gibt mehr Zeitspielraum.

Und hier kann der Mensch die Entscheidungsfreiheit entfalten,
wie im Leben mit seines Ziels fester Definition:
Man soll den Lebensweg stets zu ihm passend gestalten,
denn das Ziel kann man nicht ändern – die Wege dorthin schon.

Der Ozean

Die subtil weiche Dunkelheit hüllt ein;
ein kleines Lichtlein betont die Weite;
die Kugel des Mondes leuchtet – allein;
es rauscht des Wassers wellige Breite ...

Das Rauschen betäubt, der Ozean ruft,
lockt mit einem Erfüllungsversprechen –
in der des Scheins und der Wirklichkeit Kluft,
deren Schatten von der Ruhe sprechen ...

Die schimmernden Wellen kommen rollend,
begrüßen und gehen wieder zurück
und ihr Geflüster erzählt wohlwollend
von der schönen Tiefe – da herrscht das Glück ...

Das Wellenmosaik glänzt wie Silber,
der Mondschein spiegelt sich in ihm opal ...
Dieses Moments magnetische Bilder
führen die Seele weit – zum Lichtlein-Strahl ...

In dieser Stunde vor der Dämmerung
vereint sich der Geist mit dem Ozean.
In der Zeit gewinnt das Leben Achtung
und gerät in einen magischen Bann ...

Gleich versteckt sich der hell leuchtende Mond –
die graue Dämmerungsstunde rückt an;
die geheime Wellensprache verstummt;
der neue, sonnige Tag fängt bald an.

Bald entflammt sich das Feuer der Sonne.
Das Geheimnis geht im Wasser nieder
und haucht noch – für den Geist eine Wonne –:
»Komm morgen, vor der Dämmerung, wieder ...«

Tango

Das Klavier erzählt von Liebe und Macht;
die Geige weint den alten Zeiten nach;
der Kontrabass brummt beruhigend und weich;
das Bandoneon klopft – scharf und sanft zugleich.
Die Musik wirbelt in der Luft und schwebt aufwärts,
voll von Melancholie, Sehnsucht und Abschiedsschmerz ...

Lange Schritte der Einigung und kurze der Macht;
das schwungvolle Wirbeln, die Spannung durch Pausen entfacht,
das Feuer der Berührung und das Musikkommando –
das ist des Lebens Illusion: Wir tanzen Tango.

Du bist meine Dualseele – Herzschlagen im gleichen Ton,
unsere Seelenhälften stets am Verschmelzungssaum.
Tango mit dir ist jedoch des Lebens Doppelillusion,
denn auch dich gibt es nicht wirklich – du kommst nur im Traum.

Wenn du kommst, ist das immer spannend und ein großes Glück.
Ich möchte im Traum bleiben oder zusammen zurück.
Außer zu tanzen, fliegen wir an den Wolken vorbei –
das ist wie Balsam für die Seele; ich fühle mich frei.

Die Seele wurde einmal in zwei Hälften geteilt
und in verschiedene Teile des Raumes entsandt.
Es wusste damals jedoch niemand genau:
Sind die Zielorte im Welt- oder Zeitraum?

So entstand auch die Sehnsucht – der Seelenmagnet,
der ewige Drang nach der Erfüllung, dem Glück.
Die schönsten Gefühle bietet dieser Planet,
jedoch nur für die Seelen mit dem Gegenstück.

Manchmal suchen sich die zwei Hälften, im Zeitraum verirrt,
und können sich nicht finden, weil eine immer zuerst stirbt.
Aber die Macht der Sehnsucht ist zu überbieten kaum:
Sie können sich auch irreal treffen, zum Beispiel: im Traum.

Ich habe meine Hälfte gesucht – hier nicht gefunden.
Sie ist nicht an unsere Zeitdimension gebunden.
Der Traum ist aber auch real – nur versteckt geblieben.
Ich will jetzt mit dir Tango tanzen – ich will mein Leben!

Das Glück

Leichte Wolken, durchdrungen vom blassrosa Schimmer,
bringen dich in die Schwerelosigkeit und hüllen ein;
langsam erblüht hinter den Augenlidern ein Glimmer,
der das Universum erhellt; er macht es nah und klein.

Erleichterung überflutet dich – so groß wie ein Meer,
zieht dich in die Tiefe hinein auf einer sanften Welle;
unaussprechliche Ruhe, die dich umhüllt, kommt daher;
da ist das Reich des absoluten Glücks und seine Quelle.

Die böse, weite Welt versteckte sich soeben,
es verschwanden Probleme mit so vielen Namen
und das ganze – sonst nicht zu bändigende – Leben
wird geschlossen in zwei sicheren, starken Armen.

Das Glück wachte auf für einen kurzen Moment,
gab dem Charme der Gefühle einen freien Raum,
brachte Geborgenheit, die der Alltag nicht kennt.
Ich weiß es, ich war glücklich – nur ein Mal – im Traum ...

Die Passion

Die Welt um mich herum wirbelt verrückt im Kreis!
Der Rhythmus lauter Musik folgt dem Blutsausen!
Die Passion ihrer Töne macht die Leidenschaft heiß.
Farbreflexe drehen sich im Kopf ohne Pausen.

Biegsame Körper im Tanz – der Jugend Quintessenz
und schwarze Augen, voll unstillbarer Begierde,
lassen die Welt vergessen. Die Musik mit Herzfrequenz
und die Leidenschaft sind nur des Moments Zierde.

Es ist nicht wichtig, dass draußen der kalte Sturm heult,
dass Leben voll Unglück ist und viel zu schnell endet,
dass Freude sich mit Traurigkeit zusammenknäult,
dass Glück mit trügerischem Schein nur blendet!

Die Korken knallen! Champagner perlt!
Das Glückselixier fließt in die Pokale!
Der Loyalität, der Treue Sinn entfällt!
Nicht achten auf die Warnsignale!

Erst morgen kommt der Alltag mit seinen Pflichten;
erst morgen kommen Ernüchterung und Reue;
erst morgen enden die Kurzgeschichten;
und morgen erneuert sich die Treue ...

Heute dreht sich noch die bunte Kugel der Illusion,
die mit glänzendem Schein des Glücks die Sinne blendet.
Lass die Hoffnung heute schweben, wie einen Luftballon,
bevor er morgen platzt, wenn sie im Alltag endet ...

Der Freund

Golden sprudelt des Glücks Elixier!
Die von ihm gespiegelte Welt ist voll von Edelsteinen:
der Blumen Juwelen, Smaragden der Wälder – den Reinen;
der Himmel ist wie ein Saphir.

Perlen prickeln – bilden die Welt neu!
Wie die Helligkeit des Tages wächst die Hoffnung soeben.
Der Perlen Leichtigkeit erhebt mich, steigt in den Kopf, unscheu
und lässt mich hoch in der Luft schweben ...

Des Lichts Geysire spritzen im Glas!
Die Lichtstärke weckt der tief steckenden Kräfte Extreme.
Nichts ist unmöglich! Der Kampf auf den Barrikaden macht Spaß!
Zur Hölle mit allen Problemen!

Die Gescheitheit löscht die Mirage ...
Die Routine schluckt dieser idealen Welt Collage,
während ihr berauschender Schöpfer seinen Platz bei mir räumt –
der Champagner, mein einziger Freund.

Der Musikrhythmus

Die Welt, die vor Rhythmus bebt; die Seele, die schwebt –
die Euphorie überwältigt dich soeben!
Zu sein bedeutet Glück! Das Graue geht zurück!
Dieser eine Moment verzaubert das Leben.

Die alte Zeit kommt wieder – singt ihre Lieder;
schon für immer bleiben der Jugend Akzente!
Das Alter gibt es nicht! Egal – das Haar wird licht!
Jetzt verschwinden alle des Leidens Momente!

Wozu die Sorgen! Alles kann man besorgen!
Deine Probleme sind nur eine Mirage!
Deine Träume leben, werden dir Kraft geben –
jeden von ihnen erfüllst du mit Courage!

Wenn das Leid dich aufsucht – zu ergreifen versucht,
ignoriere es und glaube mir beim Wort:
Höre den Rhythmus und der heißen Töne Fluss!
Wenn die Musik spielt, jagt sie die Trauer fort!

Die Ballade

Die Leidenschaft der Ballade ergreift das Herz,
bewegt die Seele an weit entfernte Orte.
Überfüllt von Melancholie, der Sehnsucht Schmerz,
weinen – um das Unerfüllte – ihre Worte.

Die Seele schwebt in der Luft, folgend den Träumen,
wo die Weinstöcke sich in der Sonne breiten,
gleitet auf dem schmalen Weg zwischen den Bäumen,
hofft das Glück zu fangen in endlosen Weiten.

Wie ein leichter Wind weht sie über der Steppe,
der einsamen Glocke Klang ist ihr Kamerad.
Weit, zum Horizont, zieht sich, wie eine Schleppe
auf dem grauen Steppengras, der verstaubte Pfad …

Am Horizont zittert eine Mirage – ein Bild
derer, vor denen sich das Herz öffnen konnte.
Die wilde Sehnsucht überträgt die Seele mild
in eine Zeit, als sie sich noch im Glück sonnte …

Die Familie, die Freunde feiern zusammen,
ein Fest, wo jeder die Sorgen vergessen kann.
Man ist nicht einsam, oft gemütlich beisammen
und bekommt, wenn man braucht, die Hilfe nebenan.

Es verschwinden die Bilder des Glücks, der Freundschaft ...
Die Seele wünschte, die leichte Mirage bliebe!,
denn jetzt ersetzt das Internet die Gesellschaft
und die künstliche Intelligenz die Liebe ...

Die sehnsüchtige Ballade ergreift das Herz,
kann ihm nur Trauer, nur Melancholie geben.
Das Herz ertrinkt, tief ist der Ozean – der Schmerz –,
einsam lässt es sich auf der Erde nicht leben ...

70. Geburtstag

70 Jahre ... Der Kreis beginnt sich zu schließen –
du unerbittliche Zeit!
Ich möchte nur noch einmal das Leben genießen!
Das ist mein Geist, der so schreit!

Noch einmal sich in der wirbelnden Kugel vergessen!
Nicht denken, dass ihre Schale dabei zerkratzt!
Wirbelnd genießen ihre Farben stattdessen!
Es ist egal, ob sie wie eine Seifenblase platzt!

Noch einmal sich mit jugendlicher Glut verlieben!
Das Schicksal bleibt aber eiskalt.
Der Geist und die Gefühle sind doch jung geblieben!
Nur der Körper – er wird schon alt.

Schenkt mir zum Geburtstag keine Geschenke der Welt,
obwohl ich aussuchen könnte, was mir sehr gefällt.
Es gibt aber einen Wunsch, synchron mit dem Herzschlag:
Gebt mir die Jugend wieder für diesen einen Tag!

Für meine Tochter

Die Bäume verlieren schon ihre Blätter;
die Sonne passiert des Skorpions helle Konstellation.
Dein Geburtstag kommt jetzt, mit dem Herbstwetter,
und bringt die seit Langem bekannte Geschenkfrustration.

Ich würde gerne für dich Wörter schreiben,
deren Formen wie bunte, edle Kleinode glitzern,
die, wie sie – glänzend – im Gedächtnis bleiben,
die von den wunderbarsten Gefühlen nur so spritzen.

Ich würde gerne dir einiges schenken,
was niemand sonst jemals beschaffen und schenken könnte,
was wertvoll wäre – und gleich dem Wunschdenken,
was alle herum mit Begeisterung überschwemmte.

Ich kann jedoch wörtlich das nicht beschreiben,
was eigentlich mit den Wörtern nicht zu beschreiben ist.
Nur meine Taten können aktiv bleiben,
um dir zu zeigen, wie wichtig du für mein Leben bist.

Auch mein heutiges Geschenk für dich ist schlicht,
zweckvoll, sodass es mir eher gewöhnlich zu sein scheint.
Was anderes wäre, vielleicht, aus deiner Sicht
eine bessere Wunscherfüllung – mit Träumen vereint.

Aber das schönste Geschenk zu vergeben,
das mit der Hilfe des Schicksals zu beschaffende Stück,
das einmalig und kostbar ist – dein Leben,
hast du von mir schon erhalten. Ich wünsche – es bringt Glück!

Für meinen Sohn

Der Steinbock steigt beharrlich den Himmel hinauf;
die Punkte seiner Sterne zeichnen sein Dasein;
die glühende Kugel der Sonne kreuzt seinen Lauf;
die Ringe des Hauptplaneten, Saturn, glänzen fein.

So war die Konstellation auch damals – Jahre her –,
genauso, wie heute, waren des Steinbocks Sterne.
43 Jahre vergingen schon seither –
damals entflammte deines Lebens Laterne.

Ja ... Das ist dein 43. Geburtstag ...
Ein wichtiges Datum, ein wichtiger Beginn ...
Ein neues Lebensgebiet entstand an dem Tag –
ergänzte mein Glück, gab dem Leben noch mehr Sinn.

Das Licht des Lebens fiel auf das Erd-Element,
übergab die Existenz dessen Kreation,
die die Sicherheit als ihre Aufgabe kennt,
so wie die Stabilität als ihre Funktion.

Überschwänglich zu sein ist des Steinbocks Barriere;
dem Steinbock sind aber wichtig seine Ziele:
das Familienleben und, ganz oben, Karriere;
trotzdem gewinnt er Freunde, und zwar – ganz viele.

Das ist deines Lebens prägnant formulierter Konspekt.
Ich bewundere deiner Erfolge viele Namen!
Aber ... Ich vermisse manchmal den Jungen, der direkt
einmal sagte: »Mami, wir bleiben immer zusammen!«

In deinen Gesichtszügen – männlich, attraktiv –
verschwanden die des Jungen – geändert durchs Leben.
Ich wünsche dir Glück! und bin sicher: In dir tief
schlägt weiter sein Herz – doch unverändert geblieben ...

Der Zugvogel

Hoch in den Himmel, dessen Blau wie Freiheit ruft,
zu den weißen Wolken, die Frieden versprechen!
Ich bin in die Vogelfamilie eingestuft
und kann immer den Verbleib unten abbrechen.

Die Nahrungssuche des Tages ist beendet.
Die Abendsonne erreicht den Horizont schon.
Ich schließe mich dem Schwarm an, der im Kreis wendet,
groß, fliegend in nur ihm bekannter Formation.

Da ist auch schon der Schlafplatz, wo alle Vögel gemeinsam
die letzte Nacht zu Hause vor der großen Reise verbringen.
Als Flucht vor der Winterkälte ist diese Reise bedeutsam –
die Nacht ist der Abschied vor dem langen in der Luft Schwingen.

Morgen wird der große Schwarm zum gigantischen Vogelzug,
der dem Himmel den Ausdruck des lebendigen Organismus verleiht,
wo es keine Führer gibt, doch alle wissen ihren Platz und Bezug –
zu der Formation, die Schutz bietet und von Sorgen befreit.

Wie schön und bunt ist der Blick auf die Erde von oben!
Wie im Kaleidoskop wechseln die Bilder der Natur:
grüne Wälder, gelbe Felder, stille Teiche und Bergbäche, die toben,
daneben Häuser – die menschliche, in die Natur eingreifende Kultur.

Bald kommt die mystische Unendlichkeit des Ozeans,
die das Wasser mit dem blauen Himmel zum Eins vereint.
Sie verursacht durch ihre Wirkung des Seelenbalsams,
dass das Leben des Zugvogels absolut frei erscheint.

Voll freudiger Erwartung wache ich auf,
um den wichtigen Tag zu begrüßen
und vor Schreck und Entsetzen erfriert beinah mein Kreislauf!
Ich bin im Käfig – muss wohl eine Strafe verbüßen!

Dieser Käfig ist mein Zuhause – seine Gitter sind aus Gold –
glanzvoll und bequem. Nahrung und viel Spielzeug stehen dort bereit.
Ich bin aber traurig, einsam und so, wie ich bin, ungewollt!
Zum Leben brauche ich was anderes: Artgenossen und Freiheit!

Wir haben uns falsch verstanden! Ich bin nicht so, wie du denkst!
Das alles brauche ich nicht, was du mir immer wieder schenkst!
Öffne den Käfig! Ich bin es, kein prachtvoller Papagei!
Ich bin doch nur ein kleiner Zugvogel! Lass mich, bitte, frei!

Die graue Schlange

Eine Schlange wartet – lauert im Schatten.
Die Schuppen ihrer glatten Haut schimmern grau.
Sie wartet, die Dunkelheit wird ihr gestatten,
den Weg anzufangen – den kennt sie genau.

Man sagt, es existiere das Familiennest –
die Zugvögel kehrten stets dorthin zurück.
Nur für mich ist die Wirklichkeit grotesk:
Für mich ist ganz fremd das sichere Heimglück.

Der Traum vom Platz auf Erden ist gestorben;
das zarte Licht der Liebe ist verschwunden;
die Ambitionen hat der Neid verdorben;
nach der Liebe blieben Hass und Wunden.

Die gefährlichen Augen sehen das Ziel;
sie strahlen die schwarze Gier der Vernichtung.
Die Schlange braucht ein sicheres Domizil;
ihr grauer Körper robbt in seine Richtung.

Das Licht der Hoffnung hörte auf zu glühen.
Die enttäuschte Einsamkeit ist geblieben.
Die Pflicht versucht sich manchmal zu bemühen,
der knappe Kontakt ist jedoch kein Leben.

Es platzte des Lebens bunte Mirage –
die falschen Bilder verschwanden wie ein Blitz.
Das war nur eine blendende Collage;
sie versteckte des Lebens böses Antlitz.

Die Schlange kriecht immer schneller auf dem Steg.
Das verschwindende Licht ruft zur Beeilung.
Meine Seele zu erreichen, ist ihr Zweck –
der großen, grauen Schlange der Verzweiflung …

Der Wind

Trauer und Verzweiflung – das sind meine Freunde,
weil sie mich stets begleiten – meine Lebenszeit.
Sie würden froh sein, wenn ich das Glück versäumte
und freuen sich heimlich, wenn meine Seele weint.

Das ist nur der Wind, der die Bäume zerzaust,
dunkle Wolken antreibt,
über die Felder braust,
der heulend ein trauriges Leben beschreibt.

Wie schön ist das Leben, das so schimmernd beginnt!
Du bist auch schön und klug – ein hochbegabtes Kind.
Doch dein Schicksal will dir kein großes Glück gönnen –
der Tod nimmt alle weg, die dich lieben können.

Die beste Schülerin, vielseitig talentiert,
hoffst du durch deine Leistung Liebe zu kriegen.
Du fühlst dich jedoch allein und stigmatisiert,
die Liebe kommt nicht, lässt die Traurigkeit siegen.

Das ist nur der Wind, der die Bäume zerzaust,
dunkle Wolken antreibt,
über die Felder braust,
der heulend ein trauriges Leben beschreibt.

Ein bunter Farbenmix der Jugend wirbelt im Kreis.
Du bist eine schöne Frau, viele Männer um dich.
Freundschaft, Leidenschaft und Freude – die gibt es, du weißt.
Gibt's aber auch die Liebe, und wenn, hält sie ewig?

Der Zweifel setzt eine Hülle als Schutz gedacht;
»Dich wird niemand verletzen! Ich gebe schon acht!«
Und summt in der Seele mit der Trauer gemein:
»Spiel das Spiel der Liebe dort! Lass bloß keinen rein!«

Das ist nur der Wind, der die Bäume zerzaust,
dunkle Wolken antreibt,
über die Felder braust,
der heulend ein trauriges Leben beschreibt.

Wie schön sind die Früchte im Sommer und im Herbst!
So, wie Früchte des Lebens – Liebe, die nicht schmerzt.
Die Hülle bekommt ein Loch – du bist's nicht gewöhnt –
durch welches Liebe, Fürsorge nach außen strömt.

Du willst auch der Welt helfen, das ist jetzt dein Glück.
Der Strom fließt in die Richtung – du willst nichts zurück.
Doch die Illusion der Liebe platzt durch den Schock:
Deine Hilfe wird angenommen, du hörst: »Stopp!«

Das ist nur der Wind, der die Bäume zerzaust,
dunkle Wolken antreibt,
über die Felder braust,
der heulend ein trauriges Leben beschreibt.

Der Tag geht zu Ende. Sonne, bleib, bitte, hoch!
Du willst raus aus der Hülle – dort ist schon ein Loch!
Weg von der Verzweiflung, die nur was Böses bringt!
Das Leben endet, bevor es richtig anfängt!

Sie geht unter ... Doch das Letzte, was du wahrnimmst,
sind große, helle Sterne, die du als Glück siehst.
Ist das deine Seele, die jetzt so fröhlich singt?
Zu spät ... Es ist nur der Wind ...

Die Liebe

Lichtstrahlen fallen durch die Fenster der heiligen Stätte
schräg hinein und beleuchten die Gruppe am Fuß des Altars
betonend eine Farbe aus der ganzen Farbpalette
der Hauptfiguren: eines Priesters und eines Ehepaars.

Der Frau Kleid, des Priesters Ornat, sowie die sakralen
Motive der Stola, die die Hände des Paars umbindet,
schimmern golden in den Lichtstrahlen, die auf sie fallen:
Gold ist die Farbe der Zeremonie, die hier stattfindet.

Der Priester erinnert an das Eheversprechen;
ihre Münder sagen: »Danke, dass du bei mir bliebst –
50 Jahre mit ihren Stärken und Schwächen«;
doch die Augen meinen: »Danke, dass du mich liebst!«

Die Liebe entflammt sich heute mit damaliger Glut,
bringt die Spannung der Jugend zurück wie durch einen Schalter,
bügelt die Haut glatt, beschleunigt die Zirkulation im Blut,
lässt Probleme vergessen, genauso wie das Alter.

Sie feiern heute ein Fest der Liebe, die nie aufgibt,
und tanzen jetzt – im Takt der Melodie glücklich schwebend.
Ein Fest der Liebe, die alle Hindernisse besiegt,
die immer stark bleibt. Sie endet selbst erst mit dem Leben.

Schwarze und grüne Augen ganz ineinander versunken,
Gesichter irgendwie jung, obwohl nicht mehr so straff –
dort tanzen Mann und Frau von der Liebe betrunken
und eine tiefe Stimme singt: *»Dance Me to the End of Love«* ...

Ortelsburg

Das Erste, was ich durch das Fenster meiner Wohnung sah,
war eine Dachlandschaft, mittig ein Kirchturm – irgendein ...
Da ich niemand hier kannte, verwirrt und unsicher war,
dachte ich traurig: Die Zukunft wird hier nicht lustig sein ...

Ich weiß noch den ersten, vorsichtigen Ausgang in die Stadt,
die unerwartete Begeisterung vom Bild der Straße –
im Sonnenschein lächelten kleine Mietshäuser glänzend matt,
begrüßten den Gast – erfreuten ihn in hohem Maße.

Der große Turm des Rathauses schien mich zu bemerken
und mir zuzuzwinkern mit den weißen Scheiben der Uhren,
als ob er versucht hätte, meinen schwachen Mut zu stärken –
für die weiteren, noch unbekannten Lebenstouren.

Mich fesselte der zwei *Domowe*-Seen Blauäugigkeit,
der Zauber der Geschichte in den Burgruinen;
ich lernte die Bewohner kennen – ihre Höflichkeit –
und Freuden, die als Momentaufnahmen erschienen.

Ein wichtiger Teil meiner Geschichte ist das Leben dort;
dort blieb die Heimatliebe, egal – der Weg dorthin ist weit ...
Ortelsburg – die charmante Stadt – war mein Heimatort,
die schönsten, elf bunten Jahre meiner Jugendzeit ...

Schemen

Die Sonne hütet die Wolkenschäfchen auf den Himmelswiesen,
ihre Strahlen funkeln im Teppich der Blätter wie Diamanten.
Abschied vom hellen Tag nehmen der Burg Geister-Riesen –
verschwinden in den Schatten – ihren Seelenverwandten.

Inline-Skater *Pofajdok* tänzelt und hüpft sorglos im Park,
im Hintergrund: das Rathaus, die Burgruinen; Herbst herum.
Meine Seele bewundert das schöne Bild – beeindruckt stark
und sieht die Bilder, die vergingen; sie bewegen sich stumm.

Entlang dem *Domowe-Małe*-See windet sich ein Steg;
ein zittriges Bild der Kirche im Wasser gespiegelt ...
Ein Schatten erscheint auf seinem täglichen Arbeitsweg –
ich vor Jahren – in der vergangenen Welt versiegelt.

Pofajdok reitet jetzt auf dem Schwein – lebenslustig,
witzelt herum – verliert beinah seinen Zylinder,
doch die Seele liefert andere Bilder – leicht und dunstig:
Hier spielen die glücklichen Silhouetten meiner Kinder ...

Die Vergangenheit ist geschlossen, kann sich nicht wiederholen.
Sie wird jedoch ihre nostalgischen Lieder immer wieder singen.
So ist das Leben: Momente, jetzt gleich der Banalität Symbolen,
scheinen erst dann besonders schön, wenn sie schon vergingen ...

Jahre später ...

Es ist so lange her ... Viele Änderungen kamen,
die bekannte Heimatmosphäre blieb doch die alte ...
An jeder Straßenecke schreien bunte Reklamen,
durch die Schaufenster überraschen der Läden Inhalte.

In der Innenstadt blenden die neuen Hausfassaden;
damals wenige Wohnblöcke – heute Zentren der Geschäfte;
der *Jurand*-Platz ist mit parkenden Autos beladen;
aus dem Haus am Rathaus zogen aus die Feuerwehrkräfte.

Pofajdok hat das lustige Volksliedchen verlassen
und lief, verkörpert in vielen Gestalten, in die Stadt.
Wir erkunden sie folgend den Spuren in den Straßen,
denn seine Spuren bilden einen historischen Pfad.

Auch der Park am *Domowe-Małe*-See wurde geändert.
Er ist jetzt eine grüne Sport- und Freizeitoase.
Man lässt die Seele baumeln, wenn man durch den Park schlendert;
sie erhascht mit der Wasserfontäne des Himmels Ekstase.

Die rennende Menschenmenge wirkt abstrakt;
fremde Gesichter lassen mich wie ein Fremder fühlen.
Fast niemand mehr weiß, es ist aber ein Fakt:
Im Dienst dieser Stadt strebte ich früher mal nach Zielen.

Eine neue Gestalt gab der Stadt der Lebensdramaturg ...
Die einmalige Atmosphäre ist jedoch geblieben ...
Diese unvergessene Aura der Stadt Ortelsburg
lässt mich immer wieder denken – hier war einst mein Leben ...

Das Wiedersehen

Wie helle, kleine und große Planeten im Weltall
leuchten die runden Lampen in der Dunkelheit.
Die Parallelwelt im reinen Wasserkristall
spiegelt ihre Seelen – hält fest ihre Helligkeit.

Im zarten Licht der Lampen schwebt eine einsame Welt –
im gräulichen Universum der Zeit ein bunter Fleck –
die Welt der Nachbarschaft, die alle Lebensfacetten enthält –
acht Häuser um den Wendehammer, in Schiefbahn, am Rabenweg.

Ruhig fließen die Wörter der Erzählung.
Die Lachgeysire spritzen im roten Champagner!
Glücksmomente und Trauer sind die Füllung
jedes Daseins – entworfen vom Schicksalsdesigner.

Die Nostalgie, verständnisvoll gesinnt,
lässt die Gesichter jung bleiben, will den Glauben zulassen:
Die, die für immer schon gegangen sind,
hätten das Zuhause nur für kurze Zeit verlassen ...

Die Wiedersehensfreude hallt in der Luft;
die frohen Gesichter übermitteln die Botschaft,
die der Champagner, umhüllt vom Blumenduft,
im Kerzenschein sprudelt: »Auf die gute Nachbarschaft!«

Unerschöpft scheinen der Gespräche Inhaltsstoffe.
Das Leben schreibt immer neue Geschichten nieder ...
Bernadette, Hildegard und Ursula, ich hoffe –
das ist kein Abschied, wünschte – wir treffen uns wieder.

Zum Andenken an Conny

Ein grauer Hintergrund; einer Rose weißer Fleck;
diese Rose ist gebrochen ...
Ein Leben geht unerwartet und endgültig weg,
wird auf einmal unterbrochen ...

Auf der Karte ein helles, attraktives Gesicht –
das Glück scheint es zu umfassen.
Daneben deutliche Buchstaben – ein Text, der spricht:
»Er hat uns plötzlich verlassen.«

Der Traurigkeit Schleier legt sich über das Leben
derer, die ihn vermissen.
Das Leben wird sein Netz ohne ihn weiterweben,
das alte ist zerrissen ...

Deine Liebsten wissen – du bist jetzt sicher glücklich,
dein Leiden ist schon beendet.
Durch den Tod wurdest du von ihm erlöst – für ewig.
Das hat ihnen Trost gespendet.

Leb wohl, Conny, auf den schönen Wiesen, im Himmelblau,
wo du mit Sicherheit auch bist,
und besuch – auch wenn nur im Traum – Hildegard, deine Frau,
die dich die ganze Zeit vermisst!

Meine Gedichte

Meine Gedichte, uns braucht niemand in dieser Welt!
Während ich, allein, wie ein Geist, durchs Leben gleite,
schwebt die Poesie, die meine Gefühle enthält,
als eure einsamen Verse in der Welt Weite.

Die Welt ist voll von malerischen Gestalten,
doch ich kreise nur dazwischen – eine blasse Kontur,
in der Hoffnung: Ich kann sie für Freunde halten –
behilflich in der komplizierten Lebensprozedur.

Nur ... mich bemerkt niemand! Ich bin, wie ein Geist, unsichtbar,
wurde immer durchsichtiger mit dem Älterwerden.
Für diese Welt sind die inneren Werte verzichtbar,
nicht so der äußere Reiz – Jugend ohne Beschwerden.

Es ist nicht wichtig, was ich der Welt geben möchte,
dass meine Liebe sich nach einem Empfänger sehnt.
Auch meine Gefühle, formuliert als Gedichte,
werden von der Gleichgültigkeit der Welt abgelehnt.

Ich glaube nicht mehr, dass die Dualseele existiert,
für die nur ich die Einzige, Wichtigste wäre.
Meine Traurigkeit, meine Tränen werden ignoriert –
sie sind zu heiß für die kühle Weltatmosphäre.

Wir bleiben weiterhin allein, wie wir jetzt sehen.
Ob ewig? Die Entscheidung steht der Zeit noch offen.
Aber, obwohl so viele Dinge mir entgehen,
bleibt das Glück doch bei mir – ich hab euch, meine Strophen!

Margarethe Duckstein – Biogramm

Margarethe Duckstein (früher Dudzinski), geb. Raciniewska, wurde am 21.03.1953 in Schwetz (Świecie/Polen) geboren.

Absolventin der Technischen Universität in Danzig (Politechnika Gdańska), Fachrichtung Hochbau.

Nach dem Studium wohnte sie in Ortelsburg (Szczytno, Polen).

Literatur, insbesondere Poesie, und Kunst waren schon seit ihrer Kindheit ihre große Leidenschaft.

Früher Preisgewinnerin vieler Rezitationswettbewerbe und Darstellerin im Poesietheater.

Ihre Poesie begann sie erst nach dem Beenden ihrer beruflichen Karriere als Diplom-Ingenieurin und Architektin zu Papier zu bringen.

Sie schreibt in zwei Sprachen: Deutsch und Polnisch.

Seit Oktober 1989 lebt sie in Deutschland.

Sie hat zwei Kinder.

Mit ihrem zweiten Mann, Rudolf Duckstein, wohnt sie in Tespe bei Hamburg.